SUPERESTRE

MESSI

CRACK

> **Hola,** encantado de conocerte.

> ¡Esperamos que te guste nuestro libro sobre Messi!

> ¡Yo soy **VARbot** y tengo todos los datos y estadísticas!

SIMON   DAN

Rocaeditorial

Título original: *Football Superstars. Messi Rules*

© del texto: 2023, Simon Mugford
© del diseño y las ilustraciones: 2023, Dan Green

Estadísticas y registros correctos a enero de 2023.

Primera edición en este formato: julio de 2023

© de esta traducción: 2023, Genís Monrabà
© de esta edición: 2023, Roca Editorial de Libros, S.L.
Av. Marquès de l'Argentera, 17, pral.
08003 Barcelona
actualidad@rocaeditorial.com
www.rocalibros.com

Impreso en Colombia - *Printed in Colombia*

ISBN: 978-84-19743-36-7
Depósito legal: B 11335-2023

Todos los derechos reservados. Esta publicación no puede ser reproducida, ni en todo ni en parte, ni registrada en o transmitida por, un sistema de recuperación de información, en ninguna forma ni por ningún medio, sea mecánico, fotoquímico, electrónico, magnético, electroóptico, por fotocopia, o cualquier otro, sin el permiso previo por escrito de la editorial.

RE43367

SUPERESTRELLAS DEL FÚTBOL

MESSI

CRACK

SIMON MUGFORD   DAN GREEN

CONTENIDO

CAPÍTULO 1

MESSI ES INCREÍBLE

¡MESSI! ¡MESSI

¿**Lionel Messi** es el mejor futbolista del mundo? Estás leyendo este libro porque crees que es **INCREÍBLE, FANTÁSTICO** y

EL MEJOR JUGADOR

del **planeta**, ¿verdad?

Probablemente, **Messi** es **EL** mejor jugador del mundo, o tal vez...

EL **MEJOR** JUGADOR DE LA HISTORIA.

¡GRRR!

¡Por favor, no le digas a *Cristiano Ronaldo* que hemos dicho eso!

¿POR QUÉ **MESSI** ES TAN **EXTRAORDINARIO?**

Ritmo

Pequeño y rápido. Los defensas no pueden atraparlo.

Regate

Ningún jugador lleva el balón tan pegado al pie como Messi.

Pase

Siempre entrega el balón perfecto a sus compañeros.

Visión de juego

Crea espacios y siempre encuentra opciones de pase.

¡GOLES!

Por supuesto, **también marca goles.** ¡MUCHOS, MUCHOS, MUCHOS GOLES!

8

¡Messi simplemente es
INCREÍBLE!
10
¡BUM!
¡ÉL ES EL JUGADOR
TOTAL!

¿ES TAN FANTÁSTICO MESSI?

SOLO FÍJATE EN SUS NÚMEROS...

7 ... veces ganador del **BALÓN DE ORO**

MÁS DE 790 GOLES

10 ... títulos de **LA LIGA ESPAÑOLA**

98 ... goles con **ARGENTINA**

423 **MILLONES**
... de seguidores en **INSTAGRAM**

474 ... goles en **LA LIGA**

MÁS DE
1000 **MILLONES**
DE DÓLARES EN GANANCIAS

DNI MESSI

NOMBRE: *Lionel Andrés Messi Cuccittini*

APODO: *la Pulga*

FECHA DE NACIMIENTO: *24 de junio de 1987*

LUGAR DE NACIMIENTO: *Rosario, Argentina*

ALTURA: *1,70 m*

POSICIÓN: *Delantero*

CLUBS: *Newell's Old Boys (equipo juvenil), Barcelona, Paris Saint-Germain*

SELECCIÓN: *Argentina*

ZURDO O DIESTRO: *Zurdo*

CAPÍTULO 2

EL PEQUEÑO LEO

Lionel Messi nació en Rosario, una ciudad **Argentina,** en **1987.** A toda su familia le encantaba jugar y ver fútbol. Por eso, a Messi, también.

OCÉANO ATLÁNTICO

AMÉRICA DEL SUR

ROSARIO

OCÉANO PACÍFICO

Buenos Aires

ARGENTINA

Nada más empezar a andar, Messi ya jugaba al fútbol con sus hermanos y primos en el parque. Todos eran **mayores** y más **GRANDES** que él, pero Lionel pronto se convirtió en el mejor.

Lo llamaban el **«enano»** porque era muy pequeño. Pero a Messi le traía sin cuidado. Solo quería **jugar al fútbol** y **convertirse en un mejor jugador.**

A los **cinco** años, Leo se incorporó a su primer club, **el Grandoli.** Sus hermanos Rodrigo y Matías jugaban allí, y su **abuela** Celia lo llevaba a los entrenamientos.

De pequeño, Messi ya era un genio dando **pases, regateando** y **marcando** goles. El entrenador del Grandoli estaba asombrado.

¡GUAU, ESTE CHICO ES INCREÍBLE!

Leo entrenaba muy duro y su abuela siempre
estaba ahí para **animarlo.**

Leo era el más **pequeño** de la escuela. Sin embargo, era **el mejor de todos.**

En el recreo, cuando jugaban al fútbol, **nadie podía quitarle el balón.**

Pronto, **toda la ciudad** se enteró de que había **un niño extraordinario** que jugaba en el Grandoli, y mucha gente se acercaba al campo para ver las increíbles habilidades de Messi.

El **sueño de Messi** era jugar en el equipo

local, el

NEWELL'S OLD BOYS.

Y pudo hacerlo realidad con apenas **seis** años

Al principio, Messi jugaba al **fútbol 7,**

una modalidad llamada **«baby fútbol».**

En su primer partido con Newell's,

marcó **cuatro goles** en

una victoria por 6-0.

El equipo de Messi era tan

bueno que nadie les ganó

durante **tres** años.

Se les conocía como

LA MÁQUINA DEL 87

porque ese fue el año en que nacieron

la mayoría de los jugadores.

¿Por qué Messi
sigue siendo como
un niño?

Porque nunca se
cansa de jugar.

Una vez, Messi **no apareció** en el campo al comienzo de un partido. ¡Se había quedado encerrado en el **baño**! Luego, en la segunda mitad saltó al campo con sus compañeros, pero el equipo perdía 1-0.

Messi saltó al campo, **marcó tres goles** y Newell's ganó por **3–1!**

Messi empezó a jugar al fútbol de forma oficial a los **once años**. Con Messi, el equipo era tan bueno que ganaba a otros equipos po[r] 15 goles. Algunos equipos paraban el partido cuando **Newell's** marcaba el sexto gol.

La **Máquina del 87** ganó todos los

partidos que jugó. Eran

¡IMPARABLES!

Durante los seis años que estuvo en Newell's

marcó más de

500 GOLES.

En Newell's Old Boys sabían que Leo era muy especial. La gente decía que iba a ser una **leyenda,** como el famoso jugador argentino *MARADONA.*

En los partidos del primer equipo, Messi entretenía al público en el descanso o ante del partido, dando **toques** con el balón.

¡UNA VEZ DIO 1200 TOQUES SEGUIDOS!

Leo estaba muy unido a su abuela.

Cuando jugaba en el

Grandoli, ella era quien

lo acompañaba a los

entrenamientos, y al

principio en **Newell's,**

también. Por desgracia,

su abuela murió cuando

Leo tenía 10 años y fue una gran pérdida para

él. Después de su muerte, celebró su primer go

señalando al cielo con ambos dedos.

ERA PARA DEDICÁRSELO A SU ABUELA.

CAPÍTULO 4

RUMBO A BARCELONA

Cuando Messi tenía **10 años,** empezó a tomar un **medicamento** para **crecer**, pero era muy **caro**. Si quería ser un jugador de élite, Leo y su familia tenían que encontrar un club que lo financiara.

ARGENTINA

Ese club estaba a miles y miles de kilómetros, en **España.**

El **Barcelona** fichó a Leo con **13 años**. Nunca había fichado un jugador tan **joven** de un país tan lejano. Además, ¡era un chico muy **pequeño!**

¡El primer **contrato** de Messi se redactó en una **servilleta!**

Pronto todo el mundo supo que Messi era un

futbolista muy muy especial.

¡Siempre uso servilletas para comer!

¿Por qué?

¡Porque siempre acabo montando un *LÍO*!

35

Aunque el padre de Leo fue con él a **Barcelona**, Messi echaba de menos a sus **amigos** y al resto de su **familia.**

Pero, entonces, Messi hizo dos nuevos amigos, el defensa **Gerard**

GERARD PIQUÉ

CESC FÀBREGA

Piqué y el centrocampista **Cesc Fàbregas.** Leo era **mucho mucho más feliz.** Ellos le pusieron un nuevo apodo:

LA PULGA.

¿Por qué lo llaman *la Pulga*?

Porque es *pequeño, rápi* y una amenaza constante

¡SCRATCH!
¡SCRATCH!

Después de entrenar, los tres amigos se pasaban horas jugando juntos al FIFA en la **PlayStation.**

Leo era el mejor, ¡por supuesto!

Messi, Piqué y **Fàbregas** formaron

parte de la

GENERACIÓN DEL 87,

O DEL

BABY DREAM TEAM.

En la temporada **2002–2003,** cuando eran cadetes, ganaron la Liga y la Copa de España y Cataluña. **No perdieron** un solo partido durante toda la temporada y Messi marcó **36 goles en 30 partidos.**

¡INCREÍBLE!

Por culpa de una lesión, Leo empezó a jugar la final de la Copa de Cataluña de 2003 **con una máscara protectora.** Pero, como no podía bien, se la quitó. Entonces, **anotó dos goles 10 minutos.** Ese encuentro se recuerda como

CAPÍTULO 5

GOLES DE LEYENDA

GOL N.º 1

18 DE ABRIL DE 2007

SEMIFINALES DE LA COPA DEL REY, IDA

Barcelona 5-2 Getafe

Messi recibió el balón **en su propio campo** y regateó a dos rivales.

Luego, con el balón pegado a sus pies, se **abrió paso a toda velocidad** a través de otros **tres** rivales . . .

. . . para **regatear** al portero y marcar.

¡GRAN JUGADA *INDIVIDUAL!*

Los aficionados del Barcelona lo eligieron como *su mejor gol en el club.*

GOL N.º 2

30 DE MAYO DE 2015

FINAL DE LA COPA DEL REY

Athletic de Bilbao 1-3 Barcelona

Otra **soberbia jugada individual** de Messi. Recibió el balón cerca de la línea de banda.

Regateó a **uno** . . .

a dos . . .

a tres . . .

rivales y se metió en el área.

Regateó a otro defensa y disparó:

¡GOOOOL!

¿Cuál es el *segundo mejor gol de Messi* en el Barcelona?

Este.

GOL N.º 3

27 DE ABRIL DE 2011

SEMIFINALES DE LA LIGA DE CAMPEONES, IDA

Real Madrid 0-2 Barcelona

¡PUMM

Contra el gran rival del Barcelona, el **Real Madrid,** y en un gran partido de la Liga de Campeones, Messi volvió a hacer una extraordinaria jugada individual **recorriendo medio campo** con el balón.

Superó a la defensa madridista, que contaba con **Sergio Ramos**, y marcó su **segundo gol del partido.**

¡GENIO!

¡Sí, este es su *tercer mejor* gol con el Barcelona!

«¿MESSI ES UN JUGADOR DE VERDAD O UN JUGADOR DE LA PLAYSTATION?»

Radamel Falcao, delantero colombiano

48

CAPÍTULO 6

LOS HERMANOS DEL BARÇA

Messi debutó en **la Liga** en **2004**. Por aquel entonces, la estrella del Barcelona era un delantero brasileño: **Ronaldinho.** Él llamaba a Leo su **«hermano pequeño»** y se convirtieron en grandes amigos.

Ronaldinho le dio la asistencia a Messi en su primer gol contra el Albacete en 2005. Desde entonces, los dos, junto con **Samuel Eto'o,** formaron un **gran tridente ofensivo.**

51

En el *Barcelona* han jugado muchos delanteros fantásticos.

	MESSI *2004-2021*	SAMUEL ETO'O *2004-2009*	RONALDINHO *2003-2008*
PARTIDOS	781	204	210
GOLES	674	134	95

COMPARA A MESSI CON OTRAS GRANDES ESTRELLAS DEL BARÇA.

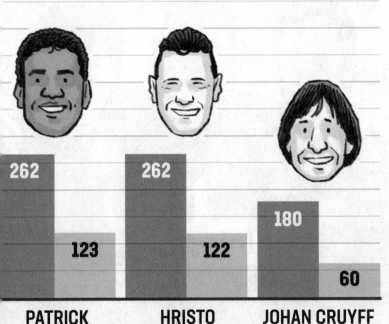

262 | 123

262 | 122

180 | 60

PATRICK KLUIVERT
1998-2004

HRISTO STOICHKOV
1990-1995, 1996-1998

JOHAN CRUYFF
1973-1978

De **2004 a 2015,** compartió vestuario con las estrellas españolas **Xavi Hernández** y **Andrés Iniesta.**

Su entrenador, **Pep Guardiola,** les enseñó a moverse, pasar el balón con rapidez y a mantener siempre la posesión.

Llamaron a este estilo de juego el **tiki-taka.**

Con **Xavi** e **Iniesta, Messi** ganó siete **Ligas,** tres **Copas del Rey** y cuatro **Ligas de Campeones.**

Durante tres temporadas **(2014-2017),**
el Barcelona contó con el increíble tridente
formado por **Messi, Luis Suárez** y **Neymar**
Lo llamaron la

La **MSN** era **IMPARABLE.**

En su primera temporada juntos, el Barcelona

ganó el **TRIPLETE: la Liga, la Copa del Rey**

y **la Liga de Campeones.**

EN TOTAL, MARCARON **364** GOLES

Y DIERON **211** ASISTENCIAS.

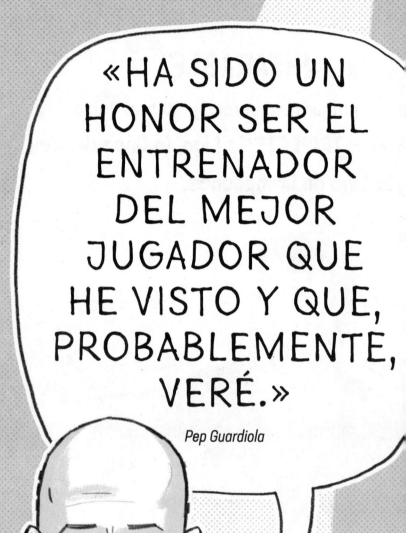

«HA SIDO UN HONOR SER EL ENTRENADOR DEL MEJOR JUGADOR QUE HE VISTO Y QUE, PROBABLEMENTE, VERÉ.»

Pep Guardiola

CAPÍTULO 7

CAMPEÓN DE A LIGA DE CAMPEONES

Los números de Messi en la **Liga de Campeones** son espectaculares. Con Messi, el Barcelona ha ganado **CUATRO** veces el título.

17 DE MAYO DE 2006

ESTADIO DE FRANCIA, SAINT-DENISE, FRANCIA

Barcelona 2-1 Arsenal

En realidad, Messi no jugó en la final.

27 DE MAYO DE 2009

ESTADIO OLÍMPICO, ROMA

Barcelona 2-0 Manchester United

28 DE MAYO DE 2011

ESTADIO DE WEMBLEY, LONDRES

Barcelona 3-1 Manchester United

6 DE JUNIO DE 2015

OLIMPIASTADION, BERLÍN

Juventus 1-3 Barcelona

ESTRELLA DE LA LIGA DE CAMPEONES

MÁXIMO GOLEADOR DE LA LIGA DE CAMPEONES

2008-09
9 GOLES

2009-2010
8 GOLES

2010-2011
12 GOLES

2011-2012
14 GOLES

2014-2015
10 GOLES

2018-2019
12 GOLES

EL JUGADOR MÁS RÁPIDO EN MARCAR 100 GOLES EN LA LIGA DE CAMPEONES
123 PARTIDOS

MÁXIMO GOLEADOR DE LA FASE DE GRUPOS
78 GOLES

EL JUGADOR MÁS JOVEN EN MARCAR
50 GOLES EN LA LIGA DE CAMPEONES

EL PRIMER JUGADOR EN MARCAR
5 GOLES EN UN MISMO PARTIDO

JUGADOR CON MÁS HAT-TRICKS
8 HAT-TRICKS

Un segundo, **Ronaldo** también ha logrado 8 hat-tricks.

MEJORES MOMENTOS EN LA LIGA DE CAMPEONES

27 DE MAYO DE 2009

FINAL

Barcelona 2-0 Manchester United

*El impresionante testarazo de Messi aseguró el título (y el **TRIPLETE**) para el Barcelona.*

6 DE ABRIL DE 2009

CUARTOS DE FINAL, VUELTA

Barcelona 4-1 Arsenal (6-3)

*A los 19 minutos, con un 1-0 en contra, Messi marcó uno, dos, tres, **CUATRO** goles. ¡Increíble*

7 DE MARZO DE 2012

OCTAVOS DE FINAL, VUELTA

Barcelona 7-1 Bayer Leverkusen (10-2)

*Messi anotó la friolera de **CINCO** goles en la goleada del Barça al equipo alemán.*

1 DE MAYO DE 2019

SEMIFINALES, VUELTA

Barcelona 3-0 Liverpool

*El segundo gol de Messi fue un asombroso tiro libre. Era el gol número **600** con el Barcelona.*

HÉROE DE LOS HAT-TRICK

Sabemos que Messi puede marcar **cuatro** o **cinco goles** en un partido de la Liga de Campeones. He aquí algunos partidos en los que solo marcó tres.

¡So
tre

18 DE SEPTIEMBRE DE 2013

FASE DE GRUPOS, VUELTA

Barcelona 4-0 Ajax

*El espléndido **hat-trick** de Messi contra el Ajax incluye un impresionante gol de falta.*

El día antes, **Ronaldo** también había marcado un **hat-trick** e la Liga de Campeones.

19 DE OCTUBRE DE 2016

FASE DE GRUPOS, VUELTA

Barcelona 4-0 Manchester City

En esta ocasión, Pep Guardiola era el entrenador del City. Messi le recordó a su antiguo técnico lo bueno que era con un **espectacular hat-trick**.

8 DE SEPTIEMBRE DE 2018

FASE DE GRUPOS, VUELTA

Barcelona 4-0 PSV Eindhoven

Otro equipo holandés, otro gol de falta y otro **hat-trick**. El **número 48** de su carrera.

EL TORMENTO DEL BAYERN

6 DE MAYO DE 2018

SEMIFINALES, IDA

Barcelona 3-0 Bayern Múnich

Era un partido complicado. **Messi, Suárez, Neymar** y sus compañeros se enfrentaron a un sólido Bayern que, por aquel entonces, dirigía el exentrenador del Barça **Pep Guardiola.**

Boateng

El partido iba **0–0** hasta el minuto 77, cuando Messi conectó un disparo raso y letal. **¡1–0!**

Apenas tres minutos después, Messi volvió a marcar. Dejó atrás al defensa **Jerome Boateng,** que cayó al suelo, y picó el balón por encima de la cabeza del guardameta del Bayern, **Manuel Neuer.** Era el **¡2–0!**

¡ES UN GENIO!

Neuer

Luego **Neymar** hizo el **3-0** y el partido quedó sentenciado.

FUE UNO DE LOS MEJORES PARTIDOS DE MESSI.

Después del partido, el entrenador del Barcelona, **Luis Enrique,** dijo:

«CON MESSI, EL FÚTBOL ES MÁS SENCILLO. ES UN JUGADO DE OTRA DIMENSIÓN Y PODEMOS DISFRUTA DE ÉL CADA DÍA.»

CAPÍTULO 8

DOBLETES Y TRIPLETES

En 2008, cuando Ronaldinho abandonó el Barcelona, Messi se quedó con el famoso dorsal **número 10. Messi** jugaba con **Xavi** e **Iniesta** en el centro del campo, y **Samuel Eto'o** y **Thierry Henry** en la delantera.

Formaban un auténtico equipo. Una vez, ganaron al Real Madrid a domicilio por **2-6.**

ERA UN *EQUIPO ESPECIAL* PARA UNA *TEMPORADA ÚNICA . . .*

TRIPLETE 2008-09

El Barcelona ganó al **Athletic de Bilbao por 4–1** en la **Copa del Rey**...

... acabó **nueve puntos** por delante del **Real Madri** para ganar **La Liga**...

... y derrotó al **Manchester United 2–0** en la Final de la **Liga de Campeones**.

Esa temporada, **Messi** marcó **38 goles.**

Entre **Messi, Eto'o** y **Henry** sumaron

100 GOLES.

Ese año, el Barcelona y Messi hicieron **HISTORIA.** Era **la primera vez** que un equipo ganaba el **TRIPLETE.**

También ganaron la **Supercopa de España,** la **Supercopa de la UEFA** y el **Mundial de Clubes.**

¡ESO FUE INCREÍBLE! **SEIS TROFEOS EN UN AÑO.**

¡Solo el Bayern de Múnich lo consiguió igualar en 2020!

MIS PRIMEROS DATOS DE FÚTBOL

BALÓN

TRIPLETE

2014-15

Sorprendentemente, **seis** años más tarde,

¡EL BARCELONA LO VOLVIÓ A LOGRAR

Era la **primera temporada**

que Messi jugaba con **Suárez** y **Neymar**.

¡LA MSN ANOTÓ 122 GOLES!

Derrotaron otra vez al **Athletic de Bilbao**, esta vez **3-1**, y ganaron la **Copa del Rey**.

El **Real Madrid** acabó **dos puntos** por debajo y el Barcelona ganó **La Liga**.

Se llevaron la **Liga de Campeones** con un **3-1** contra la **Juventus**.

¡Fue el primer equipo en ganar dos *tripletes*!

¿Messi tenía suficiente con dos **tripletes?**
¡Ni hablar! ¡También ayudó al Barcelona a ganar tres **DOBLETES!**

2010–11
La Liga
La Liga de Campeones

2015–16
La Liga
La Copa del Rey

2017–18
La Liga
La Copa del Rey

CAPÍTULO 9

ÍDOLO ARGENTINO

GANADOR DE UNA MEDALLA OLÍMPICA EN PEKÍN 2008

Messi formó parte del combinado nacional con Zabaleta y Agüero en los **Juegos Olímpicos Pekín 2008. Ángel di María** también estaba en ese equipo.

Vencieron a **Brasil por 3-0** en semifinales y la final, a **Nigeria por 1-0.** Y lograron la . . .

MEDALLA DE ORO.

En **2016,** Messi se retiró de la selección argentina. Pero todo el país, **incluido el presidente,** le pidió que regresara.

¡Y LO HIZO!

En **2021,** Messi finalmente ganó un gran título internacional al **imponerse a Brasil** en la **Copa América.**

LOS NÚMEROS DE MESSI CON ARGENTINA

PARTIDOS	GOLES	ASISTENCIAS
172	98	55

Messi es el jugador con **más partidos** con Argentina.

18 DE DICIEMBRE DE 2022

FINAL DEL MUNDIAL

ARGENTINA 3-3 FRANCIA *(4-2 en los penaltis)*

LUSAIL STADIUM, CATAR

La vigente campeona, Francia, se enfrentaba a **Argentina** en lo que se anunciaba como un du entre **Messi** y **Kylian Mbappé.** ¡Fue un partida

Argentina dominó el partido durante **80 minutos** **Messi** y **Di María** anotaron para Argentina: 2-0. Luego, en unos 10 minutos finales impresionantes, **Mbappé** marcó desde el punto de penalti y empat con una volea increíble para forzar la prórroga.

Messi se encargó de devolver la ventaja a Argentina, pero un penalti transformado por Mbappé llevó el partido a la tanda de penaltis, donde se impusieron los sudamericanos.

¡Fue una LOCURA!

Lo llamaron

LA MEJOR FINAL DE UN MUNDIAL

¡Messi había ganado el **título más importante** del fútbol!

EL CAPITÁN DE ARGENTINA

MESSI ES EL CAPITÁN DE ARGENTINA Y MÁXIMO GOLEADOR DEL PAÍS.

¿CUÁLES SON SUS NÚMEROS EN COMPARACIÓN CON LOS MEJORES?

172 PARTIDOS

98 GOLES

91 PARTIDOS

34 GOLES

77 PARTIDOS

54 GOLES

101 PARTIDOS

41 GOLES

LIONEL MESSI
2005-

DIEGO MARADONA
1977-1994

GABRIEL BATISTUTA
1991-2002

SERGIO AGÜERO
2006-2021

CAPÍTULO 10

MESSI EN LA LIGA ESPAÑOLA

UNA MÁQUINA DE HACER GOLES

En 17 temporadas en la Liga, Messi ha marcado la friolera de **474 goles** con el Barcelona.

Nadie ha **marcado más goles** en la Liga que **Messi**. **NADIE.**

TEMPORADA	PARTIDOS	GOLES
2004-05	7	1
2005-06	17	6
2006-07	26	14
2007-08	28	10
2008-09	31	23
2009-10	35	34
2010-11	33	31
2011-12	37	50
2012-13	32	46
2013-14	31	28
2014-15	38	43
2015-16	33	26
2016-17	34	37
2017-18	36	34
2018-19	34	36
2019-20	33	25
2020-21	35	30
TOTAL	520	474

LOS NÚMEROS DE MESSI EN LA LIGA SON INCREÍBLES.

MÁXIMO GOLEADOR DE LA LIGA

2009-10 **34** GOLES

2011-12 **50** GOLES

2012-13 **46** GOLES

2016-17 **37** GOLES

2017-18 **34** GOLES

2018-19 **36** GOLES

2019-20 **25** GOLES

2020-21 **30** GOLES

50 GOLES EN LA TEMPORADA 2011-12

Es el **mayor número de goles** que ha marcado un jugador **en una temporada** en la Liga.

36 HAT-TRICKS EN LA LIGA

Un récord para el Barcelona.

MÁS DE 20 GOLES
EN LA LIGA DURANTE 13 TEMPORADAS SEGUIDAS

Messi es el ÚNICO jugador que lo ha logrado.

L JUGADOR CON MÁS SISTENCIAS EN LA LIGA

192

MÁXIMO GOLEADOR DE LA LIGA DE TODOS LOS TIEMPOS

474

JUGADOR CON MÁS ASISTENCIAS EN UNA SOLA TEMPORADA

21 (2019-20)

JUGADOR QUE MÁS GOLES DE FALTA HA MARCADO EN LA LIGA

39

JUGADOR CON MÁS HAT-TRICKS EN UNA SOLA TEMPORADA

8

¿Alguien más ha logrado esto?

Bueno, sí.
¡Cristiano Ronaldo!

93

EL REY DE LOS HAT-TRICK

Messi ha marcado **36 hat-tricks** en **la Liga.** Estos son algunos de los más importantes.

10 DE MARZO DE 2007

Barcelona 3-3 Real Madrid

*El primer hat-trick de Messi en el Barcelona fue contra su gran rival, el Real Madrid. **¡Toma ya!***

19 DE FEBRERO DE 2012

Barcelona 5-1 Valencia

*Messi marcó **cuatro** de los cinco goles del Barcelona. Uno de los **CUATRO** hat-tricks que Messi ha logrado contra el Valencia.*

7 DE DICIEMBRE DE 2019

BARCELONA 5-2 MALLORCA

*Este hat-trick fue el **número 35** de Messi en la Liga. Rompió el récord de **Cristiano Ronaldo** con el **Real Madrid.***

EL CLÁSICO DE LOS CLÁSICOS

Un encuentro entre el **Barcelona** y el **Real Madrid**
uno de los grandes partidos en el fútbol mundial. Se l

EL CLÂSICO.

2 DE MAYO DE 2009

Real Madrid 2-6 Barcelona

*Messi anotó dos goles
y su viejo amigo **Gerard
Piqué** marcó el sexto.
El Barcelona apalizó al
Real Madrid en su casa.*

29 DE NOVIEMBRE DE 2010

Barcelona 5-0 Real Madrid

*Messi no marcó, pero gracias a sus dos asistencias se logró la victoria. Este fue el primer **Clásico** para José Mourinho, entrenador del Real Madrid.*

23 DE MARZO DE 2014

Real Madrid 3-4 Barcelona

Cristiano Ronaldo** marcó de penalti, Sergio Ramos fue expulsado y Messi anotó dos penaltis para completar su hat-trick. **¡Fue un partido de infarto!

23 DE ABRIL DE 2017

Real Madrid 2-Barcelona 3

*El gol de Messi en el tiempo añadido cerró este monumental **Clásico** al final de la temporada. Era su gol **número 500** con el Barcelona, y lo celebró quitándose la camiseta y levantándola al aire para los aficionados del Barça.*

¡Impresionante!

¡Se llevó una tarjeta amarilla por hacerlo!

CAPÍTULO 11

MESSI VS. RONALDO

El Balón de Oro es el trofeo que se

concede anualmente al

mejor jugador

de cada año.

FÍJATE EN LOS RESULTADOS DESDE QUE RONALDO GANÓ EL PRIMERO.

AÑO	PRIMER LUGAR	SEGUNDO LUGAR
2008	RONALDO	MESSI
2009	MESSI	RONALDO
2010	MESSI	ANDRÉS INIESTA
2011	MESSI	RONALDO

¡HOLA!

AÑO	PRIMER LUGAR	SEGUNDO LUGAR
2012	MESSI	RONALDO
2013	RONALDO	MESSI
2014	RONALDO	MESSI
2015	MESSI	RONALDO
2016	RONALDO	MESSI
2017	RONALDO	MESSI
2018	LUKA MODRIĆ	RONALDO
2019	MESSI	VIRGIL VAN DIJK
2021	MESSI	ROBERT LEWANDOWSKI

GRRR!

La edición de **2020** se anuló debido a la pandemia de **Covid-19**.

CARA A CARA

 = MESSI

 = RONALDO

GOLES DE CLUB

 698   701

GOLES INTERNACIONALES

 98   118

HAT-TRICKS EN UN CLUB

 48   50

HAT-TRICKS INTERNACIONALES

 8   10

PENALTIS MARCADOS EN UN CLUB

 84   129

PENALTIS INTERNACIONALES MARCADOS

 24 **17**

LIGAS DE CAMPEONES

 4 **5**

GOLES EN LA LIGA DE CAMPEONES

 129 **141**

...LES EN LA COPA DEL MUNDO

 13 **8**

TÍTULOS DE LIGA

 11 **7**

COPAS NACIONALES

 7 **6**

BOTAS DE ORO

 6 **4**

MESSI vs. RONALDO EN LA LIGA

TEMPORADA	GOLES DE MESSI	GOLES DE RONALD
2009-10	34	26
2010-11	31	40
2011-12	50	46
2012-13	46	34
2013-14	28	31
2014-15	43	48
2015-16	26	35
2016-17	37	25
2017-18	34	26
TOTAL	329	311

SUPERPULGA

Messi es uno de los jugadores **más rápidos** del planeta: ¡ha llegado a alcanzar los

32,5 KM/H!

No es el más rápido, pero nadie corre tan rápido como él **con el balón en los pies.**

FINTAS MARAVILLOSA

Una **FINTA CON EL CUERPO**
es cuando un jugador engaña
a su oponente para que
piense que **va en**
una dirección . . .

. . . para acabar yendo hacia otra.

Messi es un auténtico **GENIO** de las fintas. ¡Los rivales nunca saben por dónde saldrá!

EL MAESTRO DE LOS CAÑOS

Un **CAÑO** es un recurso que consiste en pasar el balón entre las piernas de un rival.

¡En inglés, un caño se llama *nutmeg*!

¡SÍ, SIGNIFICA «NUEZ MOSCADA»!

A Messi se le dan de **maravilla** los caños.

A veces, solo se la pasa a un compañero,

pero cuando Messi vuelve a coger el balón y

continúa su carrera, es algo **memorable.**

¡A VECES, MESSI DEJA SENTADOS EN EL SUELO A SUS RIVALES CON UN CAÑO!

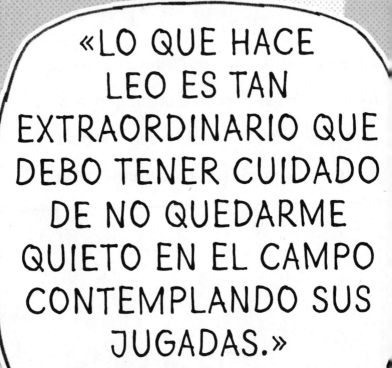

«LO QUE HACE LEO ES TAN EXTRAORDINARIO QUE DEBO TENER CUIDADO DE NO QUEDARME QUIETO EN EL CAMPO CONTEMPLANDO SUS JUGADAS.»

Thierry Henry, compañero de Messi en el Barcelona 2007-10

114

CAPÍTULO 13

G.O.A.T.

(EL MEJOR DE TODOS LOS TIEMPOS)

(Greatest Of All Times, en inglés)

En el verano de **2021,** la **pesadilla** de cualquier aficionado del Barcelona se hizo **realidad.** Messi **SE FUE** al **Paris Saint-Germain.**

¡ADIÓS Y BUENA SUERTE!

Era una nueva aventura, pero jugaría con su viejo amigo **NEYMAR** y la superestrella francesa **KYLIAN MBAPPÉ.**

MBAPPÉ

NEYMAR

Messi terminó el año con un nuevo éxito al recoger el **Balón de Oro** por **SÉPTIMA** vez, todo un récord.

¡GRRRR!

117

RONALDO

LOS RÉCORDS DE MESS
(QUE TAL VEZ NO SEPAS)

MÁS GOLES MARCADOS EN UN AÑO NATURAL: **91** (2012)

MÁS ASISTENCIAS EN LA COPA AMÉRICA: **17**

JUGADOR MÁS JOVEN EN MARCAR **MÁS DE 400** GOLES EN UN CLUB EUROPEO

MÁS GOLES MARCADOS EN EL CLÁSICO DE LA LIGA: **26**

JUGADOR SUDAMERICANO CON MÁS GOLES EN LA SELECCIÓN: **98**

ÚNICO JUGADOR QUE HA MARCADO **MÁS DE 60** GOLE EN DOS TEMPORADAS: 2011-12 **(73)** Y 2012-13 **(60)**

JUGADOR MÁS JOVEN EN ALCANZAR LOS **100** PARTIDOS EN LA LIGA DE CAMPEONES

MÁS DOBLETES (DOS GOLES) EN LA LIGA: **116**

MÁS TIROS LIBRES MARCADOS PARA EL BARCELONA: **50**

LEYENDAS

Messi pasará a la historia como uno de los **grandes del fútbol.**

MESSI
2004-

PELÉ
Ganó tres
Mundiales
1956-1977

¡LA HORA DEL CONCURS

¿Cuánto sabes sobre Messi
Intenta responder estas pregunt
para descubrirlo. ¡Luego pon a
prueba a tus amigos!

1. ¿Cuántas veces ha ganado Messi la Liga?

----

2. ¿En qué equipo jugó antes del Barcelona?

----

3. Nombra a los otros dos integrantes de la MSN.

----

4. ¿Quién llama a Messi «su hermano pequeño»?

----

5. ¿En qué año ganó su primer balón de oro?

. ¿En qué año ganó Messi una medalla de oro olímpica?

. ¿Cuántos goles marcó en la Liga la temporada 2011-12?

. ¿Quién es el máximo rival de Messi?

. ¿Qué equipo fichó a Messi en 2021?

. ¿Cuántos goles marcó Messi en el Mundial de 2022?

Encontrarás las respuestas en
la página siguiente, ¡pero no
hagas trampa!

RESPUESTAS

1. 10
2. Newell's Old Boys
3. Luis Suárez y Neymar
4. Ronaldinho
5. 2009

6. 2008
7. 50
8. Cristiano Ronaldo
9. Paris Saint-Germain
10. Siete

MESSI:
VOCABULARIO QUE DEBERÍAS SABER

Balón de oro
Premio otorgado por la revista *France Football* al jugador masculino que mejor ha jugado a lo largo de un año.

Copa del Rey
La competición por eliminatorias de España.

Mundial de clubes de la FIFA
Competición por eliminatorias entre clubes de todo el mundo.

La Liga
La primera división de fútbol en España.

El Clásico
El partido entre el Barcelona y el Real Madrid.

La Liga de Campeones
Competición europea de clubes que se celebra cada año. El ganador es el mejor equipo de Europa.

Supercopa de España
Partido que enfrenta al campeón de la Liga y el ganador de la Copa del Rey.

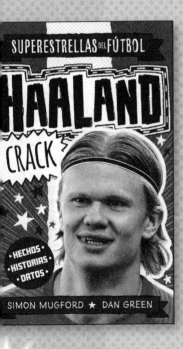

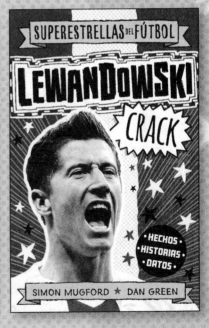

SOBRE LOS AUTORES

El primer trabajo de **Simon** fue en el Mus[eo] de la Ciencia, haciendo aviones de pa[pel] e incendiando globos de hidróge[no]. Desde entonces, ha escrito todo ti[po] de libros sobre las cosas que le gusta[n], desde los dinosaurios y los cohet[es] hasta las llamas, la música estride[nte] y, por supuesto, el fútbol. Simon es seguidor del Ipswich Tow[n] desde que ganaron la Copa inglesa de fútbol en 1978 (es cier[to], búscalo), y en una ocasión se sentó al lado de Rio Ferdinand [en] un tren. Vive en Kent con su mujer, su hija, un perro y un ga[to].

Dan ha hecho dibujos graciosos desde el momento en que pudo sujetar un lápiz de cera. Luego creció y empezó a hacer libros sobre cosas como camiones, el espacio, los trabajos de la gente, *Doctor Who* y *La guerra de las galaxias*. Dan recuerda que el Ipswich Town ganó la copa inglesa, pero no lo vio porque estaba demasiado ocupado haciendo un barco vikingo con papel de estraza. En consecuencia, sabe más de vikingos que de fútbol. Dan vive en Suffolk con su mujer, su hijo, su hija y un perro que lo acompaña en sus largos paseos.